# L'ANGLETERRE

# LA FRANCE

# ET LA GUERRE

PAR

M. LE COMTE DU HAMEL

DÉPUTÉ AU CORPS LÉGISLATIF

PARIS

E. DENTU, LIBRAIRE-ÉDITEUR

GALERIE D'ORLÉANS, 13, PALAIS-ROYAL

1860

# L'ANGLETERRE

# LA FRANCE

# ET LA GUERRE

## I.

Un antagonisme traditionnel, une rivalité héréditaire, il n'y a point à le nier, ont, de tout temps, existé entre la France et l'Angleterre. Quelques éclaircies de bonne union ont, à de rares intervalles, modifié la tendance native de ces deux puissances à se jalouser entre elles. Il semble que le ciel n'ait voulu leur voisinage que pour qu'elles se jetassent réciproquement des regards de défiance et se fissent entendre plus facilement des mots de désaccord et de dissentiment.

Tout était concevable dans cet état de choses, à ces époques reculées où surgissaient, violentes et envenimées, des questions de vassalité hérissées de points litigieux, à ces époques où de prétendus droits d'hérédité attribués aux rois d'Angleterre avaient occasionné l'occupation de plusieurs provinces françaises. Ces phases historiques, passées à l'état de légendes qui se personnifiaient dans les noms d'Agnès Sorel, de Jeanne-d'Arc et du bâtard d'Orléans, noms chers aux poëtes, aux historiens et aux romanciers, se perdaient dans la nuit des temps et semblaient devoir ne plus se reproduire, jusqu'au moment où, depuis Richelieu, survint une nouvelle rivalité entre les deux nations.

Il s'agissait de se disputer l'empire des mers et la possession de colonies lointaines.

Rivalité naturelle, généreuse en son essence, faite pour deux grandes puissances sentant leur force et ne limitant point leur horizon politique ; rivalité où la France, ne craignons pas de le dire, ne le céda jamais en dignité, en grandeur; rivalité qui rappela plus d'une fois, à certain point de vue moral, celle de Rome et Carthage.

L'esprit de la France, celui des gouvernements qui l'ont régie depuis une période de dix siècles, n'a jamais rien eu de cauteleux ni de perfide. Dieu et mon droit, dit l'Angleterre ; Dieu et le droit, a toujours dit la France.

La question préalable de cet écrit, celle qui dicte ces premières lignes, a donc une valeur proverbiale qui consiste à prouver que de tout temps la France a rencontré, de l'autre côté du détroit, un sentiment profond et continu d'antipathie et d'opposition préconçue. La France, comme cela résulte de tout sentiment naturel, a rendu à l'Angleterre ce qu'elle lui portait d'animosité; en cela elle n'a fait que répondre à l'agression qui toujours venait de sa voisine d'outre-Manche.

Ces instincts de mésintelligence paraissaient devoir s'user par la marche du temps, par les progrès de la civilisation, par les diversions données à l'esprit politique et économique de la France qui ne la porte plus à convoiter des parages lointains, et par l'immense accroissement et l'extrême facilité des moyens de communication. Londres et Paris, ces deux capitales que ne séparent plus que quelques heures, semblaient devoir se rapprocher moralement par l'entente et l'accord, comme elles se trouvaient rapprochées physiquement par la vapeur et l'électricité. Une alliance guerrière, un traité de commerce, deux faits tout récents, paraissaient devoir effacer dans l'avenir les traces du passé ; tout dernièrement encore on a cru qu'il en était ainsi. Bien que pendant même cette glorieuse guerre de Crimée, l'harmonie n'eût pas été toujours constante entre les deux armées, il semblait que les gouvernements des deux nations auxquelles elles appartiennent, marchassent d'accord pour ne pas devoir se désunir de longtemps. Certes on peut encore dire aujourd'hui qu'il n'y a point entre eux de dissidence tranchée ni de rupture d'entente ; mais il est impossible de ne pas s'apercevoir de certaines tendances à une modification sensible dans les rapports internationaux de la France et de l'Angleterre.

Pourquoi donc cette lueur de réconciliation est-elle si légère, qu'un prétexte quelconque, suffise pour l'obscurcir et la détruire ?

## II.

L'Angleterre vit toujours avec une peine extrême un gouvernement fort et puissant en France. Toujours elle s'applaudit de ce qui pouvait affaiblir notre hygiène politique. Jamais on ne la trouva plus sympathique à notre pays, que lorsqu'il paraissait en proie à quelque dépression intérieure, non pas qu'elle songeât à lui venir en aide et à chercher les moyens de rétablir l'équilibre ébranlé; mais parce qu'au fond elle se félicitait de la situation que les circonstances plus ou moins contraires, nous avaient faite. Le diapason des sentiments britanniques était toujours à l'unisson de nos prospérités ou de nos revers. Notre existence politique en péril, nos institutions menacées, notre tranquillité troublée, constituaient pour l'Angleterre un état de bien-être dont ses organes publics ne purent jamais dissimuler la joie. Nos gloires, nos triomphes, nos progrès, notre paix intérieure, lui occasionnèrent de tout temps un malaise, une impatience, une colère, que le caractère et l'expression anglaise faisaient immédiatement dégénérer en invectives et en diatribes. Ces vérités, dures à dires, sont, je le répète, proverbiales, et la fréquence des circonstances où elles ont pu se produire est telle, qu'il devient presque surabondant de les constater.

Nous nous trouvons aujourd'hui dans une de ces périodes.

La presse et le Parlement britanniques sont dans un de ces accès qui ont pour paroxysme l'injustice et l'injure, choses distinctes quoique dérivées de la même source, mais que l'Angleterre affectionne de faire couler dans le même lit.

Nous aborderons plus loin les causes de cet état d'irritation; nous devons au préalable toucher à des considérations morales, d'où se déduiront à temps les questions matérielles.

L'Angleterre, comme autrefois Venise, ne tire réellement sa vitalité si puissante et si redoutable que de ses conditions d'existence tout exceptionnelles. Sa position isolée au milieu de l'Océan, lui a créé des nécessités qui ont constitué sa force. Les habitants de cette contrée, placée en dehors du continent, ont dû naturellement s'industrier pour se fonder des ressources à l'extérieur. Ne pouvant accroître leur territoire, ils ont dû s'approprier au loin des possessions coloniales qui donnèrent bientôt à l'Angleterre une ubiquité imposante, dont elle tira et dont elle tire encore de plus en plus l'importance qui s'attache à son nom. Ce qu'elle n'a pu posséder en propre, l'Angleterre a toujours tenté de le posséder de fait par une influence occulte qui, si elle ne se traduisait pas par l'occupation du territoire, s'exerçait par la domination des esprits. Lorsque, soit par résistance, soit par des causes diverses, cette domination ne pouvait s'établir, elle trouvait toujours par des voies indirectes les moyens de faire peser sur les contrées qu'elle convoitait ou dont elle voulait diriger les destinées, une pression détournée qui les mettait jusqu'à un certain point dans sa dépendance.

Toutefois, il faut le dire, ce n'est que sur les États secondaires, incapables de soutenir la lutte ouverte, que la Grande-Bretagne a pu exercer cette autorité habile qui compose presque exclusivement sa politique. Elle a toujours trouvé dans la France une rivale redoutable, prête au combat, puisant en elle-même sa force compacte, faisant face au danger et ne craignant pas le défi. La France se contient quand elle fait preuve de longanimité en présence des débordements injurieux de sa voisine, dont les organes officiels ou privés sont toujours agressifs et offensants.

Elle se contient par ce sentiment qui témoigne de sa force, ainsi que nous l'avons déjà dit dans un précédent écrit (1) *patiens quià fortis*.

Et ce n'est pas seulement parce qu'elle est forte, qu'elle est patiente, c'est aussi et avant tout, parce qu'elle est sage.

## III.

Quel est aujourd'hui ce nouveau levain de colère qui surexcite l'Angleterre et la déchaîne contre nous? Lui disputons-nous quelque possession lointaine et mettons-nous en péril l'existence de quelques-uns de ses comptoirs? Mais non, nous sommes en Chine avec elle et pour elle. Lui fermons-nous quelque débouché, avons-nous mis l'embargo sur un de ses navires, quelqu'un de nos consuls a-t-il sévi injustement contre un de ses sujets? Pas le moins du monde. L'Isthme de Suez, nous le savons, lui pèse bien quelque peu ; mais enfin, ce n'est pas tout récent, et à cette époque fiévreuse où les événements se dévorent les uns les autres, cet incident fâcheux, au point de vue de l'Angleterre, mais si admirablement utile au point de vue universel, est déjà de vieille date. Qu'est-il donc survenu pour que, fidèle à son éducation politique, cette puissance reprenne le vocabulaire de ses invectives et rouvre le champ de ses agressions?

Eh! mon Dieu, tout le monde le sait, c'est l'annexion de la Savoie et du comté de Nice à la France qui a remis en émoi la

(1) *L'Italie, l'Autriche et la Guerre.*

tribune et la presse britanniques. C'est ce fait, en réalité de la politique la plus anodine, la plus inoffensive pour chacun, ce fait consenti à l'amiable entre les deux puissances intéressées, ayant le droit de donation et d'acceptation, qui soulève toutes ces tempêtes au sein de l'Angleterre, que cela n'atteint pas, que cela ne lèse pas, et, qui plus est, que cela ne regarde pas.

Mais voici le grand mot lâché : « Que cela ne regarde pas, » avez-vous dit ! Miséricorde, où avez-vous l'esprit ! Est-il donc rien en Europe et dans l'univers qui ne regarde l'Angleterre ? Où avez-vous trouvé que l'Angleterre n'eût rien à voir dans ce qui se passe chez vous et ailleurs ? Vous vous êtes étrangement mépris et vous avez une singulière outrecuidance si vous pouvez admettre un instant que l'Angleterre n'ait pas toujours et partout mission de savoir ce qui se fait, de le permettre ou de l'empêcher. Pour qui donc prenez-vous l'Angleterre ? Ne lui appartient-il pas de tout régenter, n'est-il pas dans son droit, — honni soit qui mal y pense, — d'exercer son contrôle sur tout ce qui ne la concerne pas et de fulminer son *veto* sur tout ce qu'elle n'a ni le droit ni le pouvoir de défendre ?

Ah ! vous avez sauvé l'Italie, vous avez versé des flots de sang pour une cause qui n'était pas la vôtre, vous avez dépensé des centaines de millions pour obéir à votre instinct magnanime et généreux, et vous croyez que l'Angleterre, qui n'a pas bougé, qui est restée spectatrice impassible de ce que vous répandiez de ce sang et de cet or, vous verra, avec la même impassibilité, recevoir à titre de gratitude et par le vœu spontané des populations, quelques kilomètres d'un territoire qui vous est homogène, que Dieu a fait le vôtre en le plaçant où il l'a placé ; vous croyez que l'Angleterre ne vous fera pas dire comme le soldat de Corbulon à Rhadamiste :

..... « *Albion* ne veut pas
« Que vers *Nice*, en un mot, vous adressiez vos pas. »

Que votre naïveté est grande, si vous avez cru cela! vous avez compté sans les Kinglake et les Horsman. Voilà des orateurs parlementaires à mettre en regard avec les maîtres de la parole française. Tous ces tribuns, ces journalistes anglais, auxquels la faconde d'Hébert et le père Duchesne, eussent cédé le pas, ont-ils assez malmené cette pauvre France et son pauvre gouvernement? De l'autre côté du détroit, on pensait que l'un et l'autre ne se relèveraient jamais, terrassés qu'ils étaient sous de pareilles atteintes. Eh bien! voyez un peu comme l'esprit anglais s'abuse quelquefois; toutes ces déclamations furibondes, tous ces pugilats de paroles, tout cet amas de grossières diatribes, tout est tombé à plat, sans laisser sur nous la trace de la moindre meurtrissure.

Et pouvait-il en être autrement? Non assurément. L'esprit public européen est empreint de cette justice et de cette honnêteté d'appréciation qu'ont, en général, toutes les essences collectives. Plus les masses sont considérables, plus on est sûr que l'opinion aura moins de divergence. Aussi, voyez quel unanime silence a gardé l'Europe en présence des vociférations énergumènes de l'Angleterre. Qu'on n'aille pas dire que ce silence soit approbateur et qu'il rentre dans le proverbe : « Qui ne dit mot consent. » Ici, qui ne dit mot réprouve.

Nous nous trompions pourtant en affirmant que l'unanimité avait été complète. Nous oubliions la Suisse.

La Suisse encore avait un semblant de raison en se prononçant contre l'annexion savoisienne. Sa vicinalité, des précédents tombés en désuétude, des alarmes sans fondement, mais enfin spécieusement justifiables peut-être à quelques points de vue, pouvaient faire excuser, sinon la forme, du moins le fond de ses oppositions. La Suisse a eu le tort de se méprendre sur les intentions loyales du gouvernement impérial ; elle a eu le tort de s'abuser sur elle-même et de s'aveugler sur ses moyens d'action.

La Suisse, État intéressant, nation *sui generis*, république honnête, devrait s'en tenir à la bonne place qui lui est faite sur la carte d'Europe ; elle devrait, sans se déprécier elle-même en aucune façon, borner ses prétentions à conserver, avec les grandes puissances qui l'entourent, de bonnes relations de bienveillance et d'estime, mais ne pas s'exagérer son importance et son poids dans l'équilibre européen. Elle a tout à gagner en restant ce qu'elle est et surtout en n'indisposant pas contre elle, par des prétentions sans cause et sans but, une nation telle que la nôtre. A l'heure où nous écrivons, la question n'est pas encore vidée, on parle de *la complication suisse* dont on n'aurait jamais dû parler. Espérons que ce nuage, qui ne peut renfermer d'orage, se dissipera promptement au souffle seul de la raison.

Revenons à l'Angleterre. Nos comptes avec elle ne sont pas si faciles à régler. Notez bien, toutefois, que nous sommes loin de perdre de vue, tout en discutant avec elle, que nous vivons en pleines relations d'amitié, et qu'il n'entre rien dans notre idée qui puisse tomber sous l'axiome : *Si vis pacem, para bellum.* La guerre est toujours un terme fatal. Quand il le faut, nous la faisons, et nous la faisons bien ; mais nous n'en venons à cette extrémité qu'après l'épuisement complet de tous les autres moyens.

On pourra nous demander pourquoi même prononcer le mot de guerre en ce moment ? Pourquoi l'admettre même à l'état de supposition? Nous répondrons que nous déclinons toute interprétation, tout simulacre de tendance à cet égard. Certes, l'air a été depuis quelque temps imprégné de ces bruits-là. Le sentiment national, révolté des insultes venues de Londres, a pu, un instant, se croire appelé à réprimer tôt ou tard ces injures sans motif et sans frein. On a été jusqu'à dire que si la guerre était jamais populaire, ce serait à coup sûr celle qu'on aurait avec nos voisins et amis d'outre-Manche. Cela n'est pas nouveau, et c'est vrai, quoi qu'il arrive. Mais personne, pas plus en France qu'ailleurs, n'a ignoré que sur toutes ces aspirations, que sur tous ces sentiments exprimés ou contenus, planait une auguste pensée, une impériale sagesse, faisant toute chose en son temps, forte, énergique et calme, et dont le puissant *quos ego!...* savait dominer toutes les impatiences et modérer toutes les passions.

Cela coupe court aux interprétations, aux hypothèses, car l'on sait que rien ne peut forcer la main qui tient aujourd'hui la clef du temple de Janus.

## IV.

Rentrons dans le domaine de l'observation et de l'analyse, et poursuivons notre pensée première.

L'Angleterre est donc notre amie —*sed magis amica veritas,* — et nous allons continuer à lui dire quelques-unes de ces sincérités qui, sans brouiller les gens, témoignent du désir qu'on a de ne pas paraître dupes les uns des autres.

Notre grand fabuliste aurait composé son inimitable apologue des *marrons du feu* pour les Anglais, ces Bertrands de la politique, qu'il n'eût pas trouvé de types plus fidèles et plus frappants. L'Anglais tend toujours à forcer le monde entier à faire ses affaires.

On l'a dit déjà avec beaucoup d'esprit et de justesse, l'Angleterre n'était pas pour nous dans cette noble guerre d'Italie; elle ne nous accompagnait pas de ses vœux, et pourtant, quand l'œuvre a été accomplie, elle a trouvé que nous nous étions arrêtés trop tôt, que nous n'en avions pas fait assez. Elle nous gourmanda de ce que nous n'extirpions pas le mal dans sa racine. L'Angleterre, fort aise toutefois de voir que nous menions à bonne fin, le bras ferme, la tête droite, la voix haute, ce qu'elle avait de longue main cauteleusement, sourdement fomenté en Italie par ses Gladstone et ses lord Minto, n'en venait pas moins en mouche du coche nous bourdonner aux oreilles, qu'il était faible à nous de rester en si bon chemin, et que nous n'avions pas mené l'Autriche comme il le fallait. L'Angleterre a pris alors des airs de Bradamante à l'endroit des traités de 1815 ; elle les a qualifiés d'oripeaux, de lettre-morte et de friperie. Les traités de 1815, vieille comédie usée ! Les traités de 1815, qui songe encore à cela !

Tout le monde y a songé et y songe encore à l'heure qu'il est, non pour en reconnaître la teneur expresse, non pour en justifier les énormités, non pour en demander la stricte et perpétuelle application, — plus que tout autre, nous le croyons, la France n'a pas à les défendre, — mais parce qu'il y a toujours quelque chose de grand et de respectable dans ce qui a pu émaner d'un congrès, d'un concours d'idées et d'hommes supérieurs, et que, tout en contrôlant, réprouvant et rapportant même ses délibérations, il en reste toujours quelque chose d'assez solennel et d'assez auguste pour qu'on ne vienne pas, à ses heures, qualifier cela de friperie et d'oripeaux.

Néanmoins, telle est l'Angleterre, qu'elle flétrit un jour ce qu'elle exalte le lendemain. Elle place tout dans la balance de ses besoins et de ses intérêts. Ainsi, de ces mêmes traités de 1815, qu'hier elle mettait pour ainsi dire à néant, elle se fait aujourd'hui une arme contre nous à propos de cette même occupation savoisienne qui l'agace et que n'entend pas M. Kinglake.

Pourquoi donc jetiez-vous feu et flammes pour qu'on annexât, ainsi qu'on vous l'a dit déjà, Parme et Modène, et la Toscane au

Piémont et cela sans se préoccuper un instant des objections que certaines puissances pourraient faire à ce groupe d'annexions ?

C'est que vous étiez là dans votre essence, vous qui, ainsi qu'on vous l'a si spirituellement dit, avez la plus grande habitude de l'annexion : « John Bull (1) n'a jamais laissé passer une année sans « s'annexer quelque chose ; un jour Malte, le lendemain les Iles, « Ioniennes, puis le Cap de Bonne-Espérance, puis une tren- « taine de royaumes indiens, le Pendjaub, les bouches de l'Indus « et le pays des Birmans. L'autre jour, il égorgeait cent mille « hommes et il en frappait trois millions d'une confiscation « générale, afin d'annexer le royaume d'Oude ; hier, ne sachant « plus que prendre, il a enlevé le rocher de Périm aux Turcs, dont « il se prétend le meilleur allié. »

Ce rocher de Périm n'est-il pas encore une preuve flagrante de cet antagonisme dont l'Angleterre ne manque jamais d'être animée ? La France ouvre noblement, généreusement, comme on l'a dit, l'isthme de Suez ; soudain vous voyez l'Angleterre se mettre en mouvement, se créer à Périm et sur quelques rochers voisins une position qui lui donne un second Gibraltar, et enserrer la Méditerranée à la sortie comme à l'entrée. Là, aucun sentiment noble et large ne l'anime, le commerce de l'univers, la facilité des communications, l'épargne du temps, rien ne met en éveil sa sollicitude ; son âpre intérêt, son ombrageuse envie la dirigent

(1) La *Patrie*, 1er avril, Jacques Bonhomme à John Bull.

seuls. La France avait trouvé un moyen d'être utile, l'Angleterre a imaginé immédiatement celui d'être nuisible au besoin, ce qu'à l'occasion elle ne laissera pas échapper.

Ainsi l'Angleterre en veine d'annexion, s'en donnait tout récemment à cœur joie, brûlant ses vaisseaux avec toutes les autres puissances, faisant fi de leurs impressions à cet égard, et s'en allant taillant, rognant la carte de la Péninsule Italienne. Passe pour la Péninsule, l'Angleterre n'en a pas grand souci. Mais la France, la France s'accroître de quelques pouces de terrain, la France compter quelques sujets de plus, voilà ce qui tout d'un coup cause des horripilations à la Grande-Bretagne, sa féale amie et alliée. Comment, les sujets anglais habitués à aller prendre leurs quartiers d'hiver à Nice, se baigneraient désormais dans les eaux françaises. *Shocking!* Quoi il faudrait passer un peu plus par la France pour aller faire du tourisme à Chamounix ou tenter l'ascension du Mont-Blanc! Cette grave question a fort indisposé le même M. Kinglake, et n'a pas été sans influence sur lord John Russell. Pour un premier ministre, c'était se préoccuper de peu.

Si toute cette grande affaire se passait au profit de toute autre nation que la France, l'Angleterre applaudirait à tout rompre ; mais son *hobby horse* c'est que la France n'ait jamais à profiter de rien. Ainsi que le dit encore l'auteur de l'article piquant que nous citions tout à l'heure : « Si les traités de 1815 sont une « lettre morte dans l'Italie centrale, comment peuvent-ils être « valides en Savoie? Si la réunion d'un congrès était inutile

« alors qu'il s'agissait d'effacer de la carte d'Europe, malgré les « protestations des Souverains, trois ou quatre États, et de leur « substituer une grande monarchie, pourquoi le consentement « des souverains et des peuples ne serait-il pas suffisant pour une « rectification de frontières qui ne changera rien à l'équilibre « des forces entre les puissances? »

Si l'Angleterre répondait à ces questions si remplies de vérité et de logique, elle vous dirait : Je n'ai à rendre compte de mes motifs à personne, je suis une trop grande nation pour descendre à des explications; si je me déjuge d'une heure à l'autre, si le blanc d'hier devient le noir d'aujourd'hui, c'est que cela me convient; j'ai dit, et c'est parce que c'était mon bon plaisir, que les peuples avaient le droit de disposer d'eux-mêmes, parce qu'à ce moment-là cette manière de voir entrait dans mes projets; aujourd'hui je prétends diamétralement le contraire, *Sic volo, sic jubeo, sit pro ratione voluntas.*

Tout cela peut avoir quelque réalité, quand on parle à des pays conquis, mais s'évanouit comme une bulle de savon, quand on s'adresse à un pays tel que le nôtre. L'Angleterre a la prétention de nous être infiniment supérieure, de nous primer en tout et pour tout. Mœurs, coutumes, législation, industrie, politique, commerce, invention, civilisation, grandeur morale, force matérielle, race, noblesse, esprit et intelligence, tout est en elle à l'état de suprématie, et nous n'arrivons, nous, la France, qu'à un long intervalle après elle.

Eh bien! rien ne serait plus facile, à l'aide de la plus simple démonstration, que d'intervertir les rôles et de prouver que la place que l'Angleterre nous assigne, c'est à elle de la prendre.

Ce pays, si vain de lui-même, si arrogant dans sa propre appréciation, si despectueux envers le monde en général et la France en particulier, qu'on le scrute, qu'on l'analyse ! Qu'on le soumette au scalpel de l'examen, qu'on fasse son autopsie politique et morale, et l'on verra si, criblé de vices organiques, il ne se soutient que d'une façon factice, si sa vie ne repose pas sur des rouages artificiels, si sa constitution, déjà frappée de caducité, n'en est pas arrivée à ces périodes de décomposition, qui, ainsi qu'elles déterminent la destruction des corps animés, semblent assigner aussi aux empires, des chances fatales d'écroulement et de décadence.

Passons aux preuves de ce que nous avançons.

## V.

Est-il rien de plus vermoulu que la base fondamentale de cette politique anglaise appelée indûment système représentatif ou constitutionnel, qui exclut au dernier degré le libre arbitre et l'indépendance de conscience, en soumettant le suffrage à la vénalité la plus ouverte et la plus éhontée. Les *bourgs pourris* de la Grande-Bretagne ne sont-ils point à l'état de proverbe, et voit-on nulle part ailleurs dans l'univers quelque chose de comparable à ce qui se passe dans les *hustings* au moment des élections?

Et c'est dans un parlement qui se compose d'éléments d'origine semblable, que se formule ces invectives qu'on a honte de répéter, tant elles sont odieuses de forme et de fond !

On a déjà cité ce passage tiré d'un éminent ouvrage, *L'avenir de l'Angleterre*, par M. le comte de Montalembert ; c'est une de ces vérités qu'on ne saurait trop reproduire, et qui trouve, tout naturellement, sa place dans cet écrit : « Dans ce qui touche aux « relations de l'Angleterre avec les nations étrangères, sa mobi- « lité, son ingratitude, ses enthousiasmes étranges, l'âpreté de « son égoïsme, l'abus de sa propre force, son mépris odieux pour « la faiblesse d'autrui, son indifférence absolue pour la justice, « quand cette justice ne lui offre pas d'intérêt à servir ou de « force à respecter, en voilà plus qu'il n'en faut pour armer « contre elle l'indignation des âmes honnêtes. »

Après avoir dit deux mots de ce qui touche à son palladium parlementaire, nous voulons, pour suivre l'ordre d'idées que nous abordions tout à l'heure, mettre le doigt sur d'autres plaies qui gangrènent l'Angleterre. Parlons alors de sa législation, parlons de cette manière inouïe dont s'y rend la justice, de ces coutumes surannées, que le bon sens, que la bienséance, indépendamment du droit et de la raison, réprouvent si hautement. L'Angleterre n'a point de Code, elle n'a point un de ces impérissables monuments qui sauvegardent la société, à ciel ouvert, à œil nu, une de ces tables de Solon, où chaque citoyen peut aller consulter son droit et trouver son salut. Non, toute sa jurisprudence est un imbroglio qui se compose de vieux lambeaux de chicanes tombés en vétusté depuis des siècles déjà, où domine encore l'esprit féodal, où les contradictions se lient aux abus. Voilà pour le fond. Et la forme! comme elle est digne et imposante! Le juge et le prévenu jonglant ensemble, celui-là faisant des quolibets, s'attirant des injures et laissant dégrader, en sa personne, le respectable caractère du magistrat. Et son jury, qu'on incarcère pendant tout un procès, pour prouver la confiance qu'on a en son incorruptibilité! Comparez donc cet inqualifiable fatras de lois, de coutumes et d'usages, avec notre admirable Code Napoléon, avec cette œuvre gigantesque qui compte, pour son auteur, à l'égal de ses plus grands triomphes!

Maintenant, est-ce de sa civilisation avancée entre toutes, comme elle le prétend, que l'Angleterre a tant à se glorifier? Mais il suffit d'un premier coup d'œil pour voir toute l'inanité d'une pareille prétention. A presque tous les points de vue, l'Angleterre est une des nations de l'époque les plus arriérées en matière de progrès et de civilisation. Est-ce que vous n'y retrouvez pas vivaces, comme aux beaux jours d'Henri VIII et de Marie Tudor, ces abus surannés dont tous les autres peuples, à bien peu d'exceptions, ont depuis longtemps fait justice? Les priviléges, les séculiers et les religieux, n'y sont-ils pas en pleine activité comme au moyen âge? Dans l'armée, les grades s'achètent ainsi qu'une marchandise; on traite d'un brevet de colonel comme d'une part d'agent de change. Dans le clergé, ce clergé si puritain, tout se fait à prix d'or; le clergé anglican possède à lui seul 236,489,125 francs de revenu, c'est-à-dire près de 12 millions de plus que le clergé de toutes les Églises chrétiennes, catholiques ou dissidentes du monde!

L'Angleterre qui, à l'étranger, parle si haut d'esprit d'égalité, de liberté religieuse et de constitution populaire, n'en a pas suivi les maximes chez elle. Qui ne connaît la morgue aristocratique de la noblesse anglaise? Où les castes élevées écrasent-elles plus pesamment les catégories d'un ordre inférieur? où les priviléges sont-ils plus criants et plus excessifs? Et quelle intolérance religieuse que celle qui impose l'exercice du culte protestant à tout enfant élevé dans les colléges aux frais de l'État, ou qui repousse des fonctions publiques tous les individus d'une autre communion que celle de l'Église protestante! L'Angleterre, sous tous ces rapports, a-t-elle fait un pas depuis des siècles? Reportez-vous aux époques les plus reculées, cherchez si, dans celle-ci, il y a à constater de réels changements et de notables progrès?

L'immobilité ne va pas au tempérament d'un grand peuple. Il faudra bien que tôt ou tard la vieille Angleterre soit de son siècle et prenne les idées de 89, ce niveau inévitable des institutions et des sociétés modernes. Quand ce jour sera arrivé, et fatalement il arrivera, l'Angleterre aura à s'occuper d'autre chose que de souffler la discorde chez les peuples voisins et de tirer parti des bouleversements qu'elle peut causer ailleurs que chez elle.

Mais nul ne peut donner de limites à l'avenir; en attendant que cette prédiction se réalise, tenons-nous en à l'Angleterre telle qu'elle est et n'anticipons pas sur ce qu'elle pourra devenir.

## VI.

L'Angleterre, aujourd'hui, est en proie à une vive préoccupation qui se trahit à tout moment par ses actes et ses paroles. Elle se sent sur le point d'être isolée de l'Europe entière si notre alliance venait à lui faire défaut, et, disons-le, cette appréhension ne l'empêche pas de tout faire pour que cet ordre de choses survienne. Elle est l'objet de l'animadversion universelle, et elle ne l'ignore pas. Elle sait qu'elle subit le sort réservé aux égoïstes et aux ingrats ; elle sait qu'il existe dans le cœur de certaines puissances, plus d'un grief irrémissible : *manet altâ mente repostum ;* elle sait qu'elle est complétement antipathique à l'Autriche, que la Russie la hait, que l'Amérique la déteste, que le monde entier la suspecte et se tient en garde contre elle. Tout cela l'alarme au fond sans rien diminuer de son outrecuidance, cet *English pride* que rien ne peut abattre. Les Anglais mettent tous leurs soins aujourd'hui à fortifier le moindre petit havre de leurs côtes. Ils font beaucoup de tapage sur le danger d'une prochaine invasion de notre part. A les en croire, nous sommes à la veille d'un camp de Boulogne, et nous méditons une irruption navale sur la Manche. Tout cela témoignerait au moins d'une chose : c'est qu'ils ont plus peur de nous que nous n'avons peur d'eux.

Oh ! si les choses en étaient là, si la haute volonté qui nous gouverne avait jugé que l'heure fût venue de nous venger de Quiberon et de Waterloo, si son énergique initiative lançait l'aigle sur le léopard, jamais enthousiasme national n'exalterait à un pareil degré ce peuple guerrier de France dont l'épée brûle le fourreau quand le vieux mot de *courir sus aux Anglais!* et *Montjoie et Saint-Denis!* ont frappé ses oreilles. Enfants et vieillards voudraient prendre le mousquet, riches et pauvres apporteraient leur offrande pour cette levée de boucliers contre nos anciens ennemis. Si, pour les guerres de Crimée et d'Italie, il a surgi des centaines de millions spontanées, ce seraient des milliards que fournirait la France pour la guerre d'Angleterre. Pas un bateau pêcheur qui ne voulût s'armer pour traverser le détroit. Et l'ombre du grand Empereur qui viendrait planer sur cet élan populaire! Et le livre de l'histoire qui ne s'ouvrirait, à cette heure, qu'à la page de Sainte-Hélène!

Il la voulait aussi Napoléon Ier la paix avec l'Angleterre, il a voulait sans craindre la guerre. En février 1803, à cette époque où rien n'égalait sa grandeur, il disait : « La paix est le besoin « et la volonté de tous les peuples. Pour la conserver, le gou« vernement fera tout ce qui est compatible avec l'honneur « national, essentiellement lié à la stricte exécution des « traités.

« Mais en Angleterre deux partis se disputent le pouvoir. « L'un a conclu la paix et paraît décidé à la maintenir; *l'autre a « juré à la France une haine implacable*. De là cette fluctuation « dans les opinions et dans les conseils, et cette attitude à « *la fois pacifique et menaçante*.

« Tant que durera cette lutte des partis, il est des mesures « que la prudence commande au gouvernement de la République.

« Cinq cent mille hommes seront prêts à la défendre et à la ven-
« ger. Étrange nécessité que de *misérables passions* imposent à
« deux nations qu'un même intérêt et une égale volonté attachent
« à la paix !

« *Quel que soit à Londres le succès de l'intrigue, elle n'entraî-
« nera pas d'autres peuples dans les ligues nouvelles* ; et le gou-
« vernement le dit avec un juste orgueil, *l'Angleterre ne saurait
« aujourd'hui lutter avec la France.*

« Mais ayons de meilleures espérances, et croyons qu'on n'é-
« coutera, dans le cabinet britannique, que les conseils de la
« sagesse et la voix de l'humanité. »

Est-il un langage à la fois plus sage et plus fier? Eh bien ! ce langage de l'oncle, le neveu le tient aujourd'hui, avec cette différence de position que quelque puissante que fût la France à cette époque, elle l'est aujourd'hui bien plus encore. Près de soixante ans de progrès continuels ont considérablement augmenté les ressources guerrières du pays, perfectionné les moyens stratégiques, aplani des difficultés navales qu'on regardait comme presque insurmontables alors.

## VII.

Oui, Napoléon III l'a prouvé, la paix est son vœu et il fait tout encore pour en assurer le maintien. Mais quelque arrêtée que soit son auguste volonté, quelle que soit la longanimité qui le possède, ne peut-il être débordé par des circonstances indépendantes, par des nécessités que lui créeront notre orgueil national trop fortement attaqué et quelques unes de ces exigences exorbitantes dont l'Angleterre est toujours en fonds. « Rien n'a coûté « au gouvernement de l'Empereur, comme il a été dit dans une « très-récente publication, pour conserver ces bonnes relations, « rien de ce qui était compatible avec l'honneur de la France. Il « a répondu par le silence du mépris aux diatribes des feuilles de « Londres, et après l'odieux attentat du 14 janvier, lorsque le « Parlement a repoussé le bill sur les réfugiés, il a comprimé son « mécontentement ; et loin de déclarer que ce mauvais procédé « altérait les bons rapports des deux pays, il a poussé le zèle de « l'alliance jusqu'à désavouer les manifestations militaires insé« rées *au Moniteur*. »

Certes il y avait lieu de demander compte à l'Angleterre de cette inqualifiable hospitalité, en la voyant à peu près recommencer ce qu'elle avait fait pour Georges Cadoudal un demi-siècle auparavant. N'était-ce point une seconde édition de machine infernale, venue de l'Angleterre? Un pays tel que la Grande-Bretagne, un Parlement qui se pose si haut, n'auraient-ils pas dû, par la plus énergique manifestation, par l'expulsion la plus immédiate de ces mouleurs de bombes, de ces fauteurs d'assassinats, protester de son indignation et tenir sa place parmi les nations honnêtes qui rejettent de leur sein le meurtrier, qu'il s'appelle Cadoudal ou Orsini? Eh bien! non; elle a, pour les conserver dans son giron, fait appel à l'*alien bill*. Elle a laissé à ces lâches sicaires leur toit, leur laboratoire assassin! et le gouvernement impérial, ému, mais plus fort que son émotion, n'a opposé à cette révoltante tolérance, que son indignation contenue et muette. Si la guerre eût été dans la pensée de l'Empereur, certes jamais plus irritante occasion ne lui eût fourni le motif de la faire naître. Ni motifs, ni prétextes ne lui eussent manqué pour légitimer, s'il l'eût voulu, cette énergique résolution. Mais sa sagesse pleine d'abnégation a surmonté le sentiment trop naturel que cette défaillance internationale, pour modérer notre expression, devait allumer dans son cœur outragé.

Puisque le nom de Georges Cadoudal s'est placé sous notre plume, jetons, à propos de lui, un coup d'œil rétrospectif sur cette politique anglaise qui ne recule devant rien quand il faut nous être contraire, et, pour mieux la peindre, empruntons au grand historien de l'Empire, une de ces sublimes pages dont seul il possède le secret :

« Le gouvernement britannique, dans son anxiété, eut re-
« cours à tous les moyens, même ceux que la morale avouait le
« moins, pour conjurer le coup dont il était menacé. Pendant la
« première guerre il avait fomenté des insurrections contre les
« pouvoirs de toute forme qui s'étaient succédé en France.
« Depuis, quoique ces insurrections fussent peu présumables
« sous la forte administration du Premier Consul, *il avait gardé*
« *à Londres et soldé même pendant la paix*, tous les états-majors
« de la Vendée et de l'émigration. Cette persistance à ***conserver***
« ***sous sa main*** les coupables instruments d'une guerre peu gé-
« néreuse, avait beaucoup contribué, comme on l'a vu, à brouil-
« ler les deux pays. Les diversions sont, sans doute, l'une des

« ressources de la guerre, et l'insurrection d'une province est « l'une des diversions qu'on regarde comme les plus utiles et « qu'on se fait le moins de scrupules d'employer. Que les An- « glais eussent essayé de soulever la Vendée, le Premier Consul « le leur rendait en essayant d'insurger l'Irlande. Le moyen « était réciproque et fort usité. Mais, dans le moment, une in- « surrection dans la Vendée était hors de toute probabilité. « L'emploi des Chouans et de leur chef, Georges Cadoudal, ne « pouvait avoir qu'un effet, celui de tenter quelque coup abo- « minable, comme la machine infernale ou tel autre pareil. « Pousser le moyen de l'insurrection jusqu'au renversement d'un « gouvernement, c'est recourir à des pratiques d'une légitimité « fort contestable ; mais poursuivre ce renversement *par l'at- « taque aux personnes qui gouvernent, c'est dépasser toutes les « limites du droit des gens admis entre les nations.* »

Triste similitude entre les deux époques que nous venons de citer ! Toujours le système anglais fidèle à lui-même et reproduisant au bout de certaines périodes de temps, des actions relativement conformes, toujours empreintes de sa haine contre nous et ne se préoccupant pas de l'odieux des moyens employés pour l'assouvir.

Mais enfin admettons qu'elle en arrive à s'attirer la guerre, qu'en peut espérer l'Angleterre ? Quel bénéfice a-t-elle à entrevoir de sa rupture avec nous ? Aucun assurément, elle le sait; et quoiqu'elle le sache, esclave de son penchant autant qu'ennemie cette fois de ses intérêts, s'aveuglant de son aversion pour la

France, elle s'engage imprudemment dans une voie où elle peut trouver cette extrémité fatale que l'on met tant de soin à éviter chez nous.

## VIII.

Si cette calamité, la guerre en est toujours une, devenait indispensable, quelle est celle des deux nations engagées dans la lutte qui aurait le plus de risques à courir, le plus de dommages à éprouver? Assurément ce ne serait pas la nôtre. Le malaise qu'occasionnerait au commerce de l'Angleterre une guerre sérieuse, suffirait seul, en raison des causes de décomposition dont nous avons parlé précédemment, pour amener une révolution dans ce pays. Et une révolution qui trouverait des centres tels que Londres, Manchester, Liverpool, Birmingham, en aurait vite fait avec le vieil état de choses britannique. Ce ne serait plus, comme du temps de Cromwell, une de ces révolutions tendant à faire disparaître une dynastie et appelant inévitablement une restauration plus ou moins imminente, ce serait un cataclysme social, remuant dans ses bases les plus profondes la caduque constitution de l'Angleterre, labourant à travers les priviléges et les castes, ruinant de fond en comble les préjugés séculaires, et aboutissant, en un mot, à la réforme la plus complète que jamais ébranlement de ce genre ait pu, de temps immémorial, causer dans le monde entier.

Et si, à la fin de cette lutte terrible, le drapeau tricolore venait à flotter sur la vieille tour de Londres, il serait autrement funeste en résultats à l'Angleterre que ne le fut pour la France le drapeau anglais dans la cour des Tuileries au milieu du faisceau de tous les drapeaux des puissances coalisées.

« Mais votre drapeau, nous crie-t-on de l'autre côté du détroit, ne flottera jamais sur cette tour de Londres. Nos remparts naturels, ceux que le ciel nous a faits, sont infranchissables pour vous. Vous le savez, l'expérience vous l'a suffisamment prouvé. »

Ce langage était bon à tenir autrefois; il n'est plus de mise aujourd'hui. Autrefois, et nous nous reportons à moins d'un demi-siècle, on n'avait pas en main les triomphants moyens que le génie des hommes a inventés depuis. La guerre, peut-être aussi savante, n'avait pas à disposer de ressources irrésistibles contre lesquelles les éléments même doivent céder. On tournait dans le cercle ordinaire des données stratégiques. L'art naval surtout demeurait stationnaire, à peu près ; comme au temps de la guerre de Troie, il fallait

.....Déplorer l'inclémence des vents.

La vapeur, ce prodige du dix-neuvième siècle, n'avait pas encore dompté l'ouragan et dévoré la distance. Ces bâtiments à hélice étaient alors un mystère, tant d'autres découvertes immenses n'étaient pas encore sorties des cerveaux humains. Mais aujourd'hui la situation est nouvelle. Ce qui semblait jadis impossible et fou à tenter, en est arrivé maintenant à une facilité relative. On en est persuadé en France et on ne l'ignore pas davantage en Angleterre. Si les événements conduisaient à cette nécessité, qu'une descente sur les côtes de la Grande-Bretagne fût jugée opportune, la tentative pourrait encore paraître difficile, mais réalisable. Nous parlons toujours dans une hypothèse qui, dans notre espoir, ne passera pas à l'état d'exécution ; mais notre but est de démontrer qu'il ne faut pas s'autoriser du passé pour juger l'avenir.

L'avenir, qui le connaît? En politique, moins qu'en toute autre chose il ne faut pas borner l'horizon. Tel jour commence radieux, qui se termine par un orage. L'Angleterre, depuis quelque temps, se plaît à amonceler les nuages ; ils peuvent passer, sans fondre ni sur elle ni sur nous, et tout alors sera pour le mieux, mais ils peuvent se gonfler encore, et la tempête peut en sortir.

C'est pour ce cas, malheureusement à prévoir, qu'il est bon que l'Angleterre sache bien que nous sommes moins prompts à la colère qu'elle ne l'est à l'injure, mais que le jour où la goutte suprême ferait déborder le vase, ce bras de mer qu'on appelle la Manche, ne sera pas plus un obstacle insurmontable, que les falaises de Douvres ne seraient un épouvantail pour nous.

Les folles menaces n'appartiennent qu'aux faibles et qu'aux insensés, ce n'est donc pas de la France qu'elles peuvent venir. On veut la paix chez nous, on la veut sincèrement, mais non pas à tout prix ; c'est l'Angleterre seule qui peut la rendre impossible, et elle doit se tenir pour avertie que si nous ne désirons pas la guerre, nous ne la craignons pas, et, bien plus, que nous sommes tout prêts à l'événement. Nous savons bien de quelle façon cette déclaration sera accueillie de l'autre côté du détroit. On la traitera de bravade, de fanfaronnade dérisoire, peu importe, il en restera toujours quelque chose dans l'esprit des Anglais. Ils nous savent gens d'action, plus encore que de paroles, et ils n'ignorent pas plus que nous l'immense popularité qu'aurait dans notre pays toute hostilité contre le leur.

La France, toutefois, n'obéit pas à ses instincts, à ses penchants. Elle ne peut et ne veut s'y livrer que lorsqu'une auguste initiative les encourage et leur donne l'essor. Elle a confiance dans la main qui la guide, dans la pensée qui maintient sa gloire et sauvegarde ses intérêts. Si l'Empereur veut la paix, et tout témoigne de ce désir, la France voudra la paix ; si son souverain veut la guerre, et surtout certaine guerre, la France volera aux armes.

## IX.

En laissant se produire au jour les pensées qui précèdent, nous avons obéi à un mouvement intime dont nous sommes loin de vouloir faire un mystère. C'est du Parlement anglais, c'est de la bouche de quelques-uns de ses membres que sont sorties, contre la France, ces agressions inouïes, ces invectives insupportables qu'on croit punir assez par le silence et le dédain. Cette opinion n'a pas été complétement la nôtre ; nous avons pensé qu'il n'était pas au-dessous de la dignité d'un membre du Parlement français, qui, lui, donne l'exemple de l'urbanité, de la mesure et de la raison, de prendre en main la cause de son pays indignement outragé, odieusement calomnié. Nous avons essayé d'opposer à des armes tristement grossières, des armes aussi courtoises que possible, et si, malgré notre étude, notre soin à ne pas dépasser certaines bornes, nous nous sommes laissé entraîner à des formules au moins sévères, nous avons cédé à un abandon qui prend son origine dans un sentiment généreux et toujours respecté, celui de l'amour national.

FIN.

Paris. — Imp. de L. Tinterlin et C^e^, rue Neuve-des-Bons-Enfants, 3.

www.ingramcontent.com/pod-product-compliance
Ingram Content Group UK Ltd.
Pitfield, Milton Keynes, MK11 3LW, UK
UKHW022156190726
13855UKWH00004B/1502